JN440409

리모델링하고 싶은 여자

초판 발행 2013년 4월 30일

지은이 백미숙
펴낸이 안창현　　펴낸곳 코드미디어
북 디자인 Micky Ahn　　편집디자인 김도경　　교정 교열 표수재

등록 2001년 3월 7일　　등록번호 제 25100-2001-5호
주소 서울시 은평구 갈현1동 419-19 1층
전화 02-6326-1402　　팩스 02-388-1302　　전자우편 codmedia@codmedia.com

ISBN 978-89-94178-65-3　03810

정가 10,000원

이 책의 판권은 지은이와 코드미디어에 있습니다.
잘못 만들어진 책은 교환해드립니다.

이 책은 성남시 문예진흥기금 지원금으로 출간하였습니다.

리모델링 하고 싶은 여자

백미숙 시집

詩文學의 향기에 취하여 詩를 짓습니다

배미숙

저는 낮게 몸을 낮추고 떠오르는 태양을 맞이하는 새벽안개를 사랑하며. 몸속 에너지를 몽땅 털어 세상을 밝혀주고 마지막 생명의 순간에도 흉내 낼 수 없는 아름다움을 토해내는 황혼의 빛깔을 사랑하며 마음을 열고 나를 바라봅니다.

이른 봄 차가운 살얼음 머리에 얹고 가냘프게 고개 내밀어 노오란 꽃을 피워내는 복수꽃을. 얼어붙은 대지에 생명의 피를 사르르 뿜어주는 봄비를 사랑합니다. 잔잔한 물결 출렁이며 해녀들 숨비소리 잠기는 고향바다, 꼼지락꼼지락 가슴 설레게 만드는 詩를 사랑합니다. 이슬, 바람, 구름, 달, 별, 하늘, 산, 나무, 숲, 꽃, 바위, 오리, 나비, 새, 잠자리, 사랑의 대상이 너무 많아 늘 물아일체物我一體의 감성을 자극합니다.

내 살점 나눠주고 실핏줄마다 내 피를 이어준 내 딸, 아들, 내 움막을 지어준 남편을 사랑합니다. 2007년 4월 첫 시집 『나비의 그림자』를 부끄러운 마음으로 출간하고 오늘, 두 번째 시집을 두려운 마음으로 출간합니다. 지난 2010년 10월 갑작스러운 신체조직의 아픔으로 죽음의 문턱에서 다시 살아난 건 이 세상에 오직 하나뿐인 내 딸의 극진한 효성과 성령의 은혜입니다,

덤으로 주어진 생명 헛되지 않도록 사랑을 나누며 살겠습니다. 오늘의 시 한 편 한 행이라도 읽는 분 마음을 행복하게 할 수 있다면 보람으로 여기며 앞으로도 詩의 향기를 찾으며 글 짓는 시간 아끼지 않겠습니다.

당신을 사랑합니다. 감사합니다.

2013년 봄

| 추천사 |

세 번 놀라게 한
시인의 목소리

현길언(소설가, 『본질과현상』 발행인)

현길언

어느 봄날 오후에 걸려온 전화 목소리가 나를 세 번 놀라게 했다. 제주바다가 한눈에 들어오는 사라봉峰 기슭에 남녀 공학 3학급의 사범학교 시절, 공부도 잘 하고 시도 잘 쓰고 더구나 아름답고 청순한 그 얼굴의 그 선배의 목소리가 들려왔다. 선배 앞에서 늘 가슴을 조아리며 말도 제대로 못하였던 숫기 없었던 나는 반세기가 지난 저 먼 시간의 언덕으로부터 들려온 선배의 목소리에 놀랐다. 선배가 아니고, 그 선배의 손녀처럼 연륜을 거스른 목소리가 나를 놀라게 했다. 그리고 시집을 내게 되었다는 소식에 나는 두 번 놀랐다.

이따금 여류 문인들을 만날 때면, 우리 선배 중에도 시를 잘 쓰는 분이 계셨는데 하고 그 선배를 생각했었는데, 결국 시집을 내겠다고 들었을 때에, 그 먼 시간의 강물을 거슬러 가서 까만 제복을 입고 교지를 편집하던 그때가 다가왔다.

그런데 다시 놀란 것은 그 선배의 시를 대했을 때였다. 아아, 사람의 연륜을 무색하게 하는, 육체는 노쇠할지라도 시심은 오히려 더 젊게 피어나는, 이 경이롭고 신비함을 선배의 시에서 확인했기 때문이다. 나는 늘 기도한다. 육체가 노쇠할지라도 정신과 혼은 더욱 새로워질 수 있기를-. 그러나 기도는 현실로 내게 다가오지 않는데, 선배의 시는 그 청량한 목소리처럼 시간을 거슬러 이제 막 봄을 맞는 열아홉의 소녀처럼 순수하고 영롱하며 아름다움을 흠뻑 품고 있어서 놀라게 했다.

문학의 길은 항상 새로움을 추구하는 노정이다. 시인은 나이를 잊고 살아가는 시간의 이단자이다. 이 세상이 선배의 시심과 만나면 모두가 아름답고 생동하면서 생명이 넘쳐나고 있었다. 지금 막 연둣빛 잎을 피우려는 낙엽송의 그 가지처럼 말이다.

아파트 단지에 벚꽃과 개나리가 너무 화사한 이 오후에, 다시 세월을 거슬러 살아가는 선배의 시를 읽게 되어 너무 즐거웠고, 그래서 까마득하게 달아나 버린 시간을 아주 가깝게 불러다주신 그 마음에 고마움을 전한다.

contents

01

그 여름, 떨리는 몸짓으로 가고

02

리모델링 하고 싶은 여자

contents

03

흔적만 남아

04

분신

contents

05

아침 안개

01

그 여름, 떨리는 몸짓으로 가고

봄의 노래
가로수 새순
입춘
환상
봄날
또 다시 봄 오는 소리
경인년 봄날 새벽
신묘년의 봄
매화향기 가득한 봄
꽃의 영혼으로
그 여름, 떨리는 몸짓으로 가고
바람의 붓끝으로
매미는 그렇게 울다가
메뚜기의 한숨
여름은 저만치 걸어 나가고

봄의 노래

노란 개나리꽃으로 단장하고
춤추듯 출렁거리는 탄천
늘어진 버드나무 가지에서
깊은 잠 깨어난 아기가 손짓하고 있다

흐르지 못하고 서성이던 산 그늘은
짓무른 환부 아물고
화사한 연분홍 드레스 입은
진달래 활짝 웃으며 소근거린다

부드러운 연록색 실크로 성장한 봄빛
사랑스러운 꽃들의 노래가
살얼음 잔뜩 움추렸던 마음에
따사로운 봄 향기 한아름 안겨준다

가로수 새순

세찬 바람에 꼬집혀 발버둥치며
양철 지붕 처마 밑 고드름처럼
차가운 눈물 떨구던 날들

익모초 약물처럼 쓰디쓴
지난 겨울 가슴 아픈 이야기를
주섬주섬 가지에 주워 담는다

살포시 앉은 햇살 머리에 이고
갓난아기 이빨처럼
오돌오돌 돋아난 새순

눈부신 햇살이 간지러워
설레는 가슴 조이며
쌀톨같은 머리 들고 하늘을 본다

참으로 길었던 여정旅程에서
이제 갓 돌아와 창문을 열었다
봄빛이 웃으며 따스하게 안아준다

입춘入春

대형 산불로 까맣게 타버린 양양 낙산사
매서운 엄동설한 칼날 바람 누워 뒹굴고
살얼음 누더기처럼 걸쳐 입은 채
산마루에 내려 앉은 하얀 달그림자
글썽이는 눈물 고여 있다

앙금처럼 남아 있는 슬픔

손 시린 영혼의 얼어붙은 속살

까실한 바람의 손사레에 슬그머니 뒷걸음치던 봄
겨울 밀어낸 입춘入春의 입김 스며들고
얼어붙은 흙 속에서 풍경소리 조용히 울먹인다

자맥질하다 가라 앉은 해녀의 휘파람처럼
부끄러운듯 눈 흘기며 피어나는 복수초
낙산사 경내에 생명의 태동 부스럭거린다

환상

꽃 내음 가득 번지는 4월
중앙공원의 봄날
하늘엔 흰구름 무리지어 흐른다

바람이 살짝 흔들어대는 춤사위에
산울림처럼 쏟아지는 꽃들의 아우성
아이들의 화사한 웃음소리
꽃비 내리는 호수의 은빛 물결 속으로
사립문 밀고 들어서는 옥색 치마 입은 여인

낡은 나무 의자에 살포시 앉아
꽃잎으로 단장한 산들바람에 웃으며
청둥오리 두 마리 입 맞추다 가 버린
빈 자리 넋을 잃고 바라본다

살며시 달려와
버들가지 낚아채는 실바람에
이내 지워져 버리는 환상
어머니 내 곁에 함께 계셨구나
보고 싶은 내 어머니, 어머니…

봄날

차돌처럼 꽁꽁 얼어 붙은 들판
어둠 헤치며 살갗 부르터서
행여 햇살이 손 잡지 않을까
핏줄이 엉키도록 조바심한다

가슴 시린 그리움은 흙 속에 묻어 두고
손발이 닳도록 바둥거린 보람있어
이제 따스한 햇살에 얼굴 붉히며
보송보송 돋아나는 새싹들이 속삭인다

심산유곡도 가슴 설레는 봄날
매발톱꽃 한 무더기 꽃등 밝히고
바위틈에서 미소 짓는 연둣빛 새싹들
병아리처럼 입 맞추며 고개 내민다

겨우내 웅크렸던 버드나무 가지도
기지개 펴면서 화들짝 깨어나고
부르르 떨리는 탄생의 소리들
천지에 가득 희망을 노래한다

또 다시 봄 오는 소리

지구 곳곳에서 화산이 폭발하고
태평양 깊은 바다에서 뿜어낸 지진
가족을 삼키고 삶의 터전 휩쓸며
슬픔과 절망만 남겨 놓고 떠나갔다
그것도 모자라 또 쓰나미
인간의 오만함에 격노한 자연의 반란인가
호흡을 멈추고 죽은 듯이 일그러진 대지
산천은 놀라서 꽁꽁 얼어붙었다

하늘은 지구를 사랑하는 걸까
고통에 몸부림치던 산과 바다 그리고
절망에 울부짖던 도시와 사람들이
오뚜기처럼 다시 일어섰다
발가벗고 움츠렸던 나뭇가지에도
생명의 씨앗이 숨어 들었다
연록색 모자 쓴 예쁜 새싹들
나무 위에 올라앉아 소곤거린다

야들야들 펄럭이는 나무의 옷자락이
산천의 고요를 푸르름으로 깨우며

캄캄한 흙 속에서 쏘오옥 쏘오옥 솟아오른
달래 냉이 민들레 꽃잔디들이
들판에 풀 향기를 피워 올린다

경인년 봄날 새벽

미명은 새벽 아지랑이가 가져오는 선물인가 하늘이 열리는 신비스러움은 까치 한 마리 울어대는 소리에 깨어났다 창문 사이로 사~ 하고 스며드는 바람이 머리카락을 잡아 당긴다

색색 콧숨 내쉬는 소리에 문득 뒤돌아보니 침대 위에 예쁘게 잠든 손녀의 웃음 띈 얼굴, 간밤 서산마루 나뭇가지 사이에서 생긋 웃음 짓던 달님처럼 따스하게 다가온다 손녀는 나의 삶에 환희를 빛어주는 물레바퀴다

경인년 4월의 봄은 망난이 백호처럼 짓궂게 칭얼거렸다 영하의 눈보라가 우리 땅을 휩쓸며 마을이 주저앉았다 이웃나라 산이 폭발하고 무너진 하늘 곳곳에서 울부짖는 사람들의 비명소리가 파도를 타고 유라시아에서 아메리카 아프리카까지 뒤집히고 찢기고 핏빛 카페트처럼 천지가 파멸로 치닫는 듯 몽롱했다 꿈속을 헤매던 삶의 끄트머리에서 잠깐 빛나던 은빛햇살은 춘설에 놀라 미처 여물지 못하고 숨어 버렸다

이제 땅속 깊은 곳에서 몸부림치며 생명의 무게를 떠받치며 솟아 나오는 죽순은 동쪽 하늘 먼 곳에 머물고 있는 봄의 여신에게 쌀톨같은 눈동자를 깜빡이겠지, 너무 오랫동안 먼 길을 돌아왔노라 기지개를 켜며 손짓하겠지, 죽순은 씀뻑씀뻑 키재기 할 것이며 지구의 둥근 수레바퀴는 물레방아처럼 돌아가겠지, 꽃들의 향연은 들녘을 가득 채울 것이며 열매를 맺고 또 씨앗을 남기겠지, 밤안개 바다로 스며들면 새벽 이슬 반짝이며 다시금 미명은 창문을 기웃거리겠지, 새 봄은 기어코 겨울의 등을 밀어내고 오겠지

신묘申卯년의 봄

지구 곳곳 산봉우리에서 불꽃이 터지고 이웃나라 산과 마을 한입에 삼켜버린 태평양 깊은 바다의 반란, 가족과 삶의 터전 몽땅 휩쓸며 슬픔과 절망만 남겨 놓고 지진과 쓰나미는 떠났다

호흡을 멈추고 죽은 듯 일그러진 대지에 작은 생명의 씨앗 언제 숨어 들었을까

발가벗어 움츠렸던 나무 줄기마다 연한 녹색 새 옷 입은 아기선녀들이 살며시 올라앉아 소근거리며 보송보송 손녀의 웃음 같은 푸르름이 산천의 잠을 깨우고 있다

매화향기 가득한 봄

매섭고 차가운 인고의 날 견디며
봉긋한 소망으로 피어오른 꽃망울
연분홍 소중한 꿈 활짝 열리면
돌담으로 스며든 아지랑이도
봄 처녀 마음처럼 가슴 설레인다

시누이 눈매같은 꽃샘 바람이
섬뜩한 한기로 옷자락 후비지만
시집살이 시달리던 매화나무는
그래도 소롯이 꽃망울 맺었구나

상큼한 매화 향기 뜰 앞에 가득하니
풀잎 사이 기웃거리던 아기풀꽃들
마주 보고 웃으며 봄맞이 나왔구나

꽃의 영혼으로

삶의 그림자로 남길 수 없는
순간의 한 점으로
사라져 버리는 기억들
지금 이 시간
무엇인가 붙잡아 보려고 발버둥 치며
욕망의 불길 사르지 말자

아쉬움과 그리움으로 짜깁기한
기억을 한 글자씩 던져버리고
누더기 같은 옷 벗어 버리자

하얀 구름 위에 사뿐이 올라앉아
바람처럼 가벼워진 날개를 펴서
철따라 여기저기 날아 다녀 보자

실개천에 피어 있는 노란 꽃잎 위에
한 줌 실바람으로 살며시 스며 들어
꽃의 향기로 남을 수 있다면
나를 주어 나를 비우는 꽃의 영혼으로
누군가의 기억 속에
행복의 미소를 그려 줄 수 있을까

그 여름, 떨리는 몸짓으로 가고

용광로처럼 뜨겁게 달아오른 입술로
깊은 속살과 넋을 녹이던 당신
소리없이 내리는 비를 맞으며
떨리는 몸짓으로 걸어가고 있구나

아직,채 꺼지지 않은 불꽃이
반딧불이처럼 살갗을 더듬고 있는데
밀물처럼 몰려 드는 구름을 등에 업고
성큼 다가서는 바람의 붓끝은
은행나무 이파리에
가을빛을 채색하고 있구나

시린 어두움 내려 앉은 창가에
귀뚜리 한 마리 올라 앉아
가을을 불러 모으는 쓸쓰르한 노래
귀뜨르르 귀뜨르 귀뜨르르
장지문을 두드리고 있구나

바람의 붓끝으로

구름의 꼬리를 물고 날으는 바람이
설악산 대청봉 자락에 봉황새 그려 놓고
외설악에 공작새 날개를 펼쳐 놓고
바람의 붓끝으로 계절을 수 놓았다

여름 동안 폭염에 진땀 흘리더니
날개처럼 부드러운 숨결로
나뭇잎을 한 장씩 만지며
제 살갗 실핏줄 한 올씩 풀어가며
적황색 진홍빛 오색수를 그려놓았다

산 봉우리마다 새들이 날아들고
날개 활짝 펼치며 춤추는 나뭇잎들
바람의 붓끝으로 그려낸 수채화 병풍
산과 사람과 새들의 허파를 자맥질한다

매미는 그렇게 울다가

처절하게 몸부림치며 떠나기를 거부하는 여름의 끝자락은 산이 무너지고 집이 물에 잠기는 상처와 고통을 남기고 마지못해 비실비실 비바람에 쫓겨 가고 있다 알알이 매달린 과일은 퍼렇게 멍이 들고 갓 여문 벼이삭은 쓰러져 신음하고 풍성했던 들판은 흙탕물에 잠겨 있다

불이 무서운 건 알고 있었지만 물이 이렇게도 무섭게 자신을 망가뜨릴 줄 모르고 있던 사나이, 항아리로 쏟아 붓는 순식간의 장대비를 두 손바닥으로 받쳐 든 채 억억 소리 지르며 통곡하다가 칠십 평생 올올이 키워온 꿈 폭우 속에 놓아 버리고 그대로 논바닥에 누워버렸다

매미는 그렇게 울다가
망사같은 껍질만 남겨두고 멀고 먼 하늘로 날아가 버렸다
기상청이 생긴 이후 처음으로 많은 폭우가 내린 것이다

때늦은 가을이 달님 허리 껴안고
갈대밭 사잇길로 살몃살몃 걸어오고 있다

메뚜기의 한숨

불꽃이 활활 논밭을 태운다

새벽이 곁눈질하는 먼 산기슭
밤새 한줌 잠 못 이룬 메뚜기 한 마리가
목말라 쩍쩍 갈라진 논바닥에서
바짝 말라 휘어진 발가락 부비며
노랗게 여위어가는 볏잎 사이로
가슴 두드리며 한숨을 토해낸다

무심한 뭉개구름 한 조각
목화솜처럼 흩어져 버리고
까맣게 타들어가는 가마솥 열기
소나기 한 줄기 쏟아져 내려 오면
논두렁에서 덩실덩실 춤이라도 추련만

새벽 이슬 한 방울도 내리지 않고
불꽃 식혀줄 구름 한 점 없는데
말라붙은 냇물 물기 마른 나뭇잎
불가마처럼 뜨거운 열기
갈증에 주저앉아 탈진한 들판에
메뚜기의 한숨소리 마른 풀잎을 태운다

여름은 저만치 걸어 나가고

조개껍질 같은 엷은 구름을 등에 업고

높고 파란 하늘이 가을 손을 잡고 걸어 온다

대숲 스치는 바람소리 창호 사이로 들어서니

여름이 저만치 걸어 나가고 있다

꽃잎 위에 날던 나비들은 어디로 갔나

고추잠자리들이 뜨락에서 사랑 놀이 하고 있다

여치의 울음소리 밤이슬에 굴러 떨어지고

창틀에 매달린 귀뚜라미 노랫소리 낭랑하다

붉은 피 토해 내는 저녁 노을 우편함에 집어넣고

허물 벗은 매미는 흙 속으로 스며들어 갔다

뿌리 뽑힌 풀꽃처럼 하루가 지나가고

햇살 한 줌 받아 마신 계곡물이 수런거리며

발가벗은 몸뚱이를 쓰다듬고 있다

02
리모델링 하고 싶은 여자

고향에 갔주마심갔지요

바당바다 넘으멍넘으며 넘으멍넘으며
곱디곤곱고고운 저녁 노을 따랑따라서
고향으로 돌려달려 갔주마심갔지요
돌리멍달리며 마중 나온 바당물이바닷물이
촐랑촐랑철썩철썩 방파제 때리멍때리면서
무사 이제사 와시왜 이제야 왔느냐, 무사 이제사 와시왜 이제야 왔느냐
땡깡 부리는제멋대로 행동하는 아이들 초롬처럼
내 손목 좁아잡아 댕기멍다니며
들러키는펄펄뛰는 파도는 좋왕좋아서 춤을 췄주마심추었지요

상현돌이상현달 솔째기살그머니 우시멍웃으면서
잘 왔져왔다 잘 왔져왔다 손벽을 치멍치며
밤 하늘 헤엄치멍헤엄치며 솟아오른 은갈치
낚싯대 휘둘리는 낚시꾼들 외는 소리크게 소리치는
고향 바당바다은 몬딱온통
벌겅한상기된 얼굴이 꼬뜩 했주마심가득했지요

전복도 소라도 궁댕이 들썩들썩
미역도 성게도 머리 쳐들고
밤바당밤바다 진주가 눈물 흘리멍흘리면서
가지맙서가지마세요 가지맙서가지마세요 좁아 댕긴다잡아 당긴다
내 고향 제주, 제주 바당바다은
금은 보다 아까운소중한 고향 바당바다 입주마심입니다

하늘보다 진짜 귀한 보물 입주마심이지요

* 제주 방언을 그대로 사용하여 표준어 병기

기억해 줄 수 있겠니

뜨거운 여름날 하늘에서 벼락 떨어지듯
어느날 갑자기 내가 떠나더라도
그대 놀라지 마라
울지도 마라
파란 하늘에 둥실 떠 있던
뭉개구름이 폭우되어 우뢰처럼
쏟아지는 걸 보지 못 했니

초콜릿 같은 사랑으로
내 마음 가득 채워주던 그대
뜰 앞에 핀 봉숭아꽃이
요란한 소나기에 뽑히듯
내 그림자 꽃잎처럼 날아가
그대 눈앞에서
갑자기 사라져 버린다 해도

만일, 허공에 불던 칼바람이
그대 가슴에 박히고
새까만 핏멍울 뚝뚝 떨어지며
삶과 죽음의 갈림길에 홀로 서 있더라도

그대 방황하지 않고 나와 함께
꽃물 들이며 행복했던 시간만
기억해 줄 수 있겠니

---

* 어느날 갑자기 심장판막증으로 쓰러진 다음날

빙점氷点

이른 새벽 내린 찬서리에
얼어버린 풀잎처럼
하얗게 질려있는 내 심장의 피를
그대여
펄떡이는 고래 심장의 뜨거운 붉은 피로
가득 채워 줄 수 있겠니
처마 끝에 매달린 채
온몸의 살점 녹아 내리는
고드름 같은 내 영혼의 빙점

새벽 두 시
칠흑 같은 어둠으로 방안을 가득 채운
슬픈 고독이
세탁기 돌아가는 소용돌이처럼
잘근잘근 내 몸 속의 실핏줄까지
겨울비에 젖은 듯 스며들고 있다
방금, 하늘이 무너져 내린 것처럼
마지막 남은 작은 숨구멍 하나
파장한 장터에 얼어 붙었다

폐차, 그리고 시신 기증

크레인으로 들어올린 폐차의
헤드라이트를 떼어낸다
본네트를 뜯는다
그리고 엔진을 들어 낸다
금속은
빵빵거리고 다니던 길 버리니 오히려 편안하다

젊은 아들 자동차 사고로 사망 선고 직전에
그의 어머니는,
아들의 눈을 떼어 앞 못 보는 소녀에게 주고
숨 못 쉬고 죽어가는 소년에게 심장 내어 주고
간경화 여인에게 간을 꺼내 주었다
아들의 장기 필요한 사람에게 모두 내어주고
폐차장의 자동차 다 찌그러지면
한 장의 얇은 고철로 변하듯
시신은 불가마에서 하얀 가루되었다

어머니의 아들 사랑 바람에 날려 보내고
마지막 남은 아들의 동그란 마음 하나
어머니 가슴 속에 남아 숨을 쉬고 있다

삶과 죽음의 조우

자신의 건강에 자만했던 지난 세월
가녀린 나뭇가지에 매달려 벌벌 떨고 있는
날개 찢긴 참새 같은 심장
찬서리 맞은 이파리처럼
야위어 가는 걸 느끼지 못하고
달님이 잠자는 은빛 연못 속에서
등비늘 반짝이며 헤엄치는 금붕어처럼
여유로운 모습으로 자유하며 살았는데

심장 한 구석 찢어진 틈에서
얼음장 깨어지는 소리 들리는 걸
무심한 마음으로 지나쳐 버렸지
작은 창틈으로 별빛 스며든 깊은 밤
잠깐 물고기 부뢰처럼
가슴이 펄떡이며 부풀어 오르고
죽음의 초침과 두 손을 맞잡은 순간
의식을 잃어버린 무아의 경지에서
번쩍 내 옷깃을 붙잡은 번개의 눈
삶과 죽음이 조우하는 등고선이었다

가을 소리

속살에 스며드는 서늘한 바람
뒷마당 돌담 위에 앉아 있는
귀뚜라미 날개 부딪는 소리

먼 산허리에 걸린 하얀 달빛
푸르게 젖어있는 나뭇잎들
손사래 치며 궁싯거리는 소리

높고 맑은 밤, 하늘에서 내려온
별들이 낮은 바위 사이로 흐르는
계곡물 간질이는 소리

노란 은행 열매가 갑옷을 입고
은행나무 가로수 이파리 사이로
도르르 굴러 떨어지는 소리

떠나버린 님의 기억 마음에 담고
보고픔에 저려진 아린 가슴을
바람이 살랑살랑 쓸어가는 소리

타다 만 장작개비처럼

강 위로 시뻘건 선혈 떨구며
요기 어린 광채가 어둠을 부른다

부도를 남발한 어음쪽지처럼
귀퉁이로 모여든 사람들이
다리 밑 시멘트 바닥에 종이상자를 펼친다
머리까지 뒤집어 쓴 신문지에는
'○○회사 부도 사장은 도피중'이라는
활자가 뚜렷이 보인다
타다 만 장작개비처럼 매운 냄새 풍기며
양팔을 가슴에 묻고
쪼그리고 누워 한숨으로 밤을 지새우는 사내

가족들 사진이
그의 굶주린 배를 채우고 있다

찌개를 끓이며

찌개를 끓이려고
양파 껍질을 벗긴다
미움 한꺼풀 벗겨 내고
그리움 한꺼풀 벗겨 내니
숨겨진 속살에 배어 있는
어슴한 슬픔
가슴 떨리던 삶의 자욱
동그마니 남아 있어
아린 눈물 떨구게 한다

옆구리 찢어진 호박
날 선 칼날에 짤리어 떨어지고
피 묻은 살코기 한 조각
손아귀에서 버둥거리며
허기진 도마 위에 좌판을 벌인다

꼬깃 꼬깃 접어 둔
지난 이야기들
앙금처럼 가라앉아
남아 있던 상처들

펄 펄 끓고 있는
된장찌개 속으로
한꺼번에 쓸어 담는다

젖은 눈동자

가슴 속에 스며든 아픔이 있어
지나간 사연일랑 입을 다물자

너와 그리고 나 사이에
잃어버린 긴 세월이 있지 않느냐

보고픈 마음으로 하늘을 보고
그리운 가슴으로 바다를 노래했지

잊을 수 없는 너의 젖은 눈동자
내 마음 깊은 곳에 숨어 있구나

그토록 사랑을 하였으면서
그때는 사랑임을 몰랐으니까

말 없이 흘러간 세월 속에서
영원한 사랑이 남아 있잖니

구름의 눈물

사는 것이 고달파서 난 때로 울기도 해
떨어지는 나뭇잎아
너도 사는 게 힘들어서 떨어지는 거니

햇살이 살그머니 보듬어 줄 때
내 가슴에 맨드라미가 피어나고
거친 바람 맨살 찢기는 아픔
비명을 지르며 낭떠러지로 굴러
산산조각으로 흩어져 버리기도 하지

뜨거운 여름 한철,
어쩌다 플러스 마이너스가 다투는
통곡소리에 놀라 나는 폭우가 되고
폭포수처럼 산을 무너뜨리며
평화로운 산마을을 덮치기도 하지

내가 울고 싶어 우는 것은 아니야
바람의 등에 업혀 사노라면
어쩌다 덩치 큰 바람이 사정없이 나를
곤두박질 매다쳐서 굴러 떨어져

나도 모르게 통곡하게 되는 거야

나무야 너는 나 때문에 햇님을 못 보니?
나뭇잎아 너도 그래서 사는 게 힘드니?
난 슬퍼하지 않으려고 휘파람을 불지
언제나 하늘 위에 둥실 떠다니고 싶은데
모두 다 평화롭게 살도록 도와주고 싶은데

또 한 해를 맞으며

또 한 해가 지나고
새해를 맞기 위하여
캄캄한 밤하늘을 바라보며
지난 삶의 조각들을 들여다 본다

마음 아프게 할퀴고 지나 간 일들
가슴에 휑하니 뚫린 구멍들
비수처럼 날아 와서
가슴에 꽂힌 언어들
내가 너에게 네가 나에게
남긴 수많은 상처들

이제
차디찬 네 손을 잡아 줄께
차디찬 내 손을 잡아 다오
가슴 뭉클한 용서와 사랑으로
하늘의 별을 바라보자
깜깜한 하늘 귀퉁이에 숨어서
너와 나를 바라보며
반짝이는 눈동자가 웃고 있잖니

폭설暴雪이 내렸지만

바람 속에 숨어 떠돌던 검은 구름이
가슴 풀어 헤치고 쏟아내는 슬픔
빙점을 돌고 돌아
성난 무당처럼 하얗게 질려서
온 세상 휘저으며 내려 앉았구나

하늘과 바다와 산과 들은
형체도 없이
하얀 강보에 덮여 있고
마을도 학교도 과수원도 자동차도
보이지 않는구나

어제도 내리고 그제도 내리고
몇 날 며칠 세상 끝처럼
울며 울며 내리던 슬픈 눈아
얼마나 고달픈 날들이었니 이제야
그 사무친 고독 모두 벗어 놓은 거냐

오늘은 꽃잎처럼 살랑살랑 내려 앉아
꼼지락거리는 매화나무의 탯줄을

사랑의 손길로 어루만지며
실낱같은 생명의 어린 씨눈에
따스하게 하얀 입맞춤 하는 구나

원망과 욕심으로 허둥거리는
어두운 세상에 살고 있는 사람들
오늘은 솜털같이 하얀 날개옷으로
수정처럼 말갛게 씻어 주고 있구나
진주처럼 하얗게 만져 주고 있구나

눈이 내리는데

함박눈이 꽃처럼 소담스레 피어나니
설원에 반짝이는 별들의 수다가
천사들 노래처럼 살갑습니다

두 손 꼭 잡고 오솔길 걸어가는
하늘에서 내려온 연인들 뒷모습
천사의 날개처럼 아름답습니다

어두운 하늘에서 소리 없이 내려오는
선녀처럼 하얀 꽃송이들은
별님이 떨어뜨리는 웃음일까요
달님이 보내 주는 선물일까요

추억을 안겨 준 잊을 수 없는 그에게
고마움 전해 온 그 친구에게
행복을 알게 해 준 동반자에게
눈꽃다발 한아름 안겨주고 싶습니다

너에게 주고 싶구나

울지마라 친구야
너의 몸에 날카로운 칼에 찢긴 상처가 있다면
너를 위해 그 상처 치유할 선약을 주고 싶구나

아파하지 마라 친구야
네 마음 깊은 곳에 칡넝쿨처럼 뿌리 내린 미움이 있다면
너를 위해 그 미움 녹여주는 사랑을 주고 싶구나

외로워 하지 마라 친구야
네가 서 있는 그 자리에 지뢰가 묻혀 있어 움직일 수 없다면
너를 위해 그 자리에 폭우를 쏟아지게 하고 싶구나

떠나지 마라 친구야
너에게 무심코 던진 한 마디 말이 가슴앓이로 남아 있다면
따뜻한 우정으로 네 가슴 속속들이 만져주고 싶구나

리모델링 하고 싶은 여자

햇빛 쏟아지는 도시의 한낮
멀쩡한 콘크리트 12층 아파트
쾅, 콰르릉 폭발음과 함께
와르르 무너져 내린다
다이아몬드 촘촘하게 박히고
대리석으로 번쩍이는 52층 초현대식
빌딩으로 재건축 한다는 안내판
네온싸인 불빛 받아 현란하게 반짝인다

햇살과 먼지와 네온광에 눈 찌푸리고
넋 잃은 듯 서 있는 초라한 중년 여자
덕지덕지 까만 때에 쩔어 있는
구차한 자신 몸뚱이와 마음까지 몽땅
시궁창 깊숙히 던져 버리고
에메랄드처럼 사랑스러운 보석으로
리모델링 하고 싶은 그 여자
핏물 어린 눈동자에 고인 눈물을
하얀 낮달이 닦아 주고 있다

붉은 피 토해 내는 저녁 노을

우편함에 집어넣고

허물 벗은 매미는

흙 속으로 스며들어 갔다

〈여름은 저만치 걸어 나가고〉 중에서

03
흔적만 남아

물새 한 마리

갈잎 흐드러진 탄천
오리들이 물살 가르며
유유자적 노닐고 있다

손가락 보다 가늘고 여윈 한 쪽 다리로
징검다리 위에 외롭게 서 있는
하얀 물새 한 마리
어디서 날아 왔을까
촛대같은 기다란 목 치켜 들고
바람따라 흘러가는 구름만 쳐다본다

지난 여름 폭풍우에
민들레 홀씨처럼 길 잃어 버리고
울면서 헤매이다 가족을 잃었을까
살아 숨 쉬는 것조차 힘에 겨웠을까
서러움에 지쳐서
다리가 둘인 것을 잊어버리고
외다리로 저렇게 눈을 감고 서 있는가

무리지어 놀고 있는 철없는 오리들
홀로 서 있는 해오라기 한 마리

강물에게

잿빛 하늘입니다
하늘을 닮아 당신도 잿빛이군요

파랗게 반짝이던 햇살은 사라지고
싸르르한 얼음가루 피 묻은 기침
얼어붙은 가슴앓이로 하얗게 승화한
진눈개비는 울면서 사락사락
밑으로 내려오며 녹아버리네요

마른 나뭇가지에
웅크리고 잠들었던 겨울새
앞산 골짜기 낙엽 구르는 소리가 아파
가냘픈 날개로 얼어붙은 진눈개비를
작은 품속에 안아 주고 있네요

당신 품에 날아드는 서러운 진눈개비
당신이 따스하게 안아 주고 있네요
당신의 가슴에서 재워 주고 있네요

가을은

유리구슬 와르르 쏟아질 듯
반짝이는 저 햇살은
어디서 보내주는 선물일까
저리도 맑고
저리도 파란 가을하늘은
어느 곳에 숨어 있다 돌아 왔을까

별빛보다 황홀한 저 풍경은
무엇으로 그려 놓은 화폭畵幅일까
그리움 터질 듯 토해내는
저 빨간 단풍잎들은
누구의 가슴에 숨겨진 눈물로
그려진 그림일까

추억처럼 흘러가는 구름 한 조각
문득, 그리운 얼굴로 눈앞에 다가와
대지의 깊은 곳으로 침잠沈潛 하며
아다지오로 세포 분열 한다
가을의 품속으로
세월이 스며든다

사라봉의 흔적

하얀 팔폭치마 곱게 펼치고
색시처럼 앉아있는 제주시 사라봉
하얀 등대 깜빡깜빡 졸며 서 있고
하루 종일 멈추지 않고 헤엄치는
고등어등 같은 바다가 보인다

산허리 올래길이 보리풀들 하품에 놀라
꼼지락거리던 겨울잠에서
소스라치며 깨어나고
파아란 보리밭 돌담을 깔고 앉아
작은 피리 불던 어린 소년이
고기잡이 아버지를 애태우며 기다리던
젖 비린 흔적들 눈앞에 서성인다

사라봉 앞 바다 짓푸른 물결은
오늘도 그 날처럼 몸부림치며
바닷바람이 몰래 훔쳐 간
갯마을 돌담집 굴뚝 연기가
좁다란 골목길을 걸어가는데
지워진 발자국마다 느끼는
참을 수 없는 중심 이탈

서부두 이야기

제주시 서부두 방파제에 서서
바람을 껴안고 날개춤 추며
우람차게 출렁이는 바다를 본다

물거품 쏟아내는 밀물의 환호성
반갑다고 바닷물이 철석거리며
해변의 바위들과 악수하는 포말들
은빛으로 반짝이는 짙푸른 파도가
이야기 보따리를 풀어 헤친다

어둠을 삼켜버린 등대의 불꽃이
깜빡깜빡 졸고 있는 이른 아침
먼 수평선 새벽문이 열리며
해바라기처럼 방긋 웃는 얼굴이
불끈 머리들어 바다 위로 치솟는다

하얀 물결 장삼에 매달린 갈매기들
밤새도록 고기잡이 나갔던 어선들
붕붕붕 고래 떼처럼 춤을 추며
만선의 깃발 바람에 흔들며 달려온다

이른 새벽 방파제에 나란히 서서
아빠를 부르는 아이들의 우렁찬 목소리
오늘 아침 서부두에 갯내음으로 잠긴다

나뭇잎 사랑

횃불처럼 뜨겁게 타오르던 태양
하얗게 부서져 서산에 내려 앉고
은쟁반처럼 둥근 보름달은
검은 구름에 가려 보이지 않네

어둠에 쌓인 고요 내려 앉은 이 밤
온몸의 모세혈관 움츠러들고
창문 스치는 바람 소리에
주름진 두 눈을 감을 수 없네

싱그럽던 머리에 하얀 서리 내리니
이제서야, 눈꺼풀에 가려진 사랑
가슴 속 깊은 곳에 샘물처럼 고이네

숨을 들이키는 실 같은 생명 끈이
서러워 흐느끼며 한 장 나뭇잎처럼
나무 줄기 붙들고 바람에 흔들리네

뜨거운 여름날 어렸던 시절
가슴 두근거리던 지난 날의 추억

소나기처럼 토네이도처럼
빛바랜 가슴을 무너뜨리네

갈참나무*의 사랑

상처난 젖가슴 도려내는 아픔
외로움에 떨며
뼈마디 할퀴듯 보고픈 마음

시계바늘 붙들고
애벌레처럼
가슴에서 자라는 그리움

뿌리 깊은 곳에
미이라처럼 남아 있는
헤아릴 수 없는 사랑

바짝 마른 가지는
새의 둥지로 내어 주고
매서운 바람에
살점과 실핏줄마저 도려낸 사랑

나비의 사체처럼
벌레 먹은 잎사귀

소리 없이 떨어지는
갈참나무의 속절없는 사랑

* 갈참나무 : 식물 중에서 잎이 가장 아름다운 나무

나뭇잎처럼

잠 못 이루는 밤
모세혈관이 움츠러들고
숨을 들이키는 생명의 끈이
겨울나무 줄기에서 흔들리는
한 장의 나뭇잎처럼 서러워질 때
사랑은
여름 한낮의 소나기로
쓰나미처럼 가슴 속을 후빈다

은쟁반처럼 둥근 보름달이
짤려나간 손톱처럼 떨어져 뒹굴고
불가마처럼 뜨겁게 타오르던 태양이
하얗게 부서져 서산에 내려 앉으니
칠흑같던 머리에 서리 내리고
그제서야
눈꺼풀에 덮인 사랑
샘물처럼 가슴에 고인다

생의 이유理由?

그는 눈을 질끈 감고 화들짝 뛰어 오르다
돌어귀에 부딪치더니 빠알간 핏물을
머리꼭지에 뒤집어쓰고 곤두박질치면서
얕으막한 탄천을 역주행한다
썰물처럼 흘러내리는 물살을 가르며
왜 스스로의 죽음을 예감하면서도
상류로 상류로 헤엄치는 걸까

이유도 모른 채 세상에 태어나
마실 물조차 없는 깡마른 대지에서
벌레와 배고픔과 병마에 시달리며
까아만 눈동자만 깜빡거리는
아프리카의 어린 생명들,
왜 그들은 굶주림의 고통 속에서 곧
죽을 것 같은 불안을 견디며 살고 있을까
차라리 탄천의 물고기로 태어났으면
물이라도 배부르게 마실 수 있을 걸

탄천의 잉어는 산란을 위하여
맨살 찢기는 아픔을 견디면서

상류를 향하여 헤엄치고 있겠지만
바짝 마른 논바닥처럼 황폐한
아프리카 오지의 어린 생명들은
무엇을 위하여 살고 있는가
어찌해야 사람답게 살아갈 수 있을까

오늘 아침, 식탁 위에 놓여진 하얀 쌀밥에 가슴이 에인다

선달그믐 밤에

눈아, 은빛처럼 하얀 눈아
이 어두운 대지위에 펄펄 내려라
선혈 낭자한 황혼의 고통을 내려놓고
신년 새아침 용틀임치는 햇님이
힘차게 고개들어 새날 맞이하도록
섣달그믐 마지막 밤을 위하여
눈아 내려라 펑펑 내려라

눈아, 배꽃처럼 하얀 눈아
꽁꽁 얼어붙은 이 대지위에
밤새도록 내리고 또 내려라
뼛속 말초혈관 까지 침식된
바이러스 벌레같은 검은 흔적을
수정처럼 말갛게 씻어낼수 있도록
눈아, 내려라 마음껏 내려라

눈아, 흰나비처럼 하얀 눈아
오늘밤엔 제발 잠들지 말고
사뿐사뿐 내려라 소리없이 내려라
가슴속에 남은 참회 못다이룬 꿈

서산으로 내려가는 하현달님과
이별의 슬픔을 간직할수 있도록
눈아, 내려서 하얗게 쌓여라

흔적만 남아

서창에 매달린 황혼
가슴 저리는 붉은 눈동자
그리움 되새김질하며
겨울의 문턱에 앉아 있다

시작도 끝도 없는
어둠이 밀려오는데
실체도 없는 넓은 허공에서
바람은 날개만 퍼덕거린다

손에 잡히지 않는 기억을 잡으려고
허기에 시달리며 달려 왔는데
지난 세월의 이야기들은
갈색 낙엽으로 흔적만 남아 있다

별밤에 쏟아지는 외로움

나무들이 하늘을 향해 노래를 부른다
그러나 저 산에 나무만 무성하고
드나드는 바람이 없다면 산은 얼마나 외로울까
만일 산비탈 틈바구니 계절따라 피고 지는
풀꽃들의 어여쁜 미소가 없다면 또 얼마나 쓸쓸할까
풀섶 비비며 달음질하는 새와 벌레들의 노랫소리가
들리지 않으면 그 고독함 어찌 견딜 수 있을까

강물은 닿을 수 있는 바다가 있어 흐르고
슬픔이 지나면 기쁨도 찾아 오는 게 삶의 과정이거늘
빈 손으로 왔다가 빈 손으로 돌아가는 삶의 길에서
마음은 언제나 아름다운 영혼으로 가득 채우고 싶은데
모란이 피면 별밤에 쏟아지는 외로움에 울고
장미가 피면 핏빛 불꽃 속에서 가슴을 태우며
먼 하늘 새벽 별을 기다리고 있음은 무슨 까닭인가

고목枯木

한때는 와이셔츠 차림이었겠지
타이는 무슨 색깔이었을까

가로등에 기대어
물간 고등어 같이 흐물거리며
어두운 하늘을 바라보며
울고 서 있는 사나이
지나간 세월을 가슴에 껴안고
그림자처럼 소리도 없이
벼락맞은 삭정이처럼 서 있다
팔다리 문어발처럼 늘어뜨리고
외롭게 서 있는 그 사람
텅 비어 있는 엘피지 가스통 같다

삶을 포기해 버린 사람처럼
고목나무 한 그루 말없이 서 있다

시계바늘

수내 지하철역 입구 내리막 계단에 두 손바닥 내밀고 죽은 게처럼 엎드린 얼굴 없는 사내, 시계의 시침은 이제 막 12시에 머물러 서서 사내의 옹색한 등을 바라본다

초침이 분침을 재촉한다 둥근 얼굴 손으로 어루만지며 가쁜 숨 몰아 쉬며 뛰어간다 시침이 큰 기침하며 신호를 보낸다 좀 천천히 가거라 서두르지 마라 엎드려 있는 저 사내, 어제 저녁 굶고 오늘 조반도 거른 채 저리 엎드려 있지 않니 사내는 애원하는 눈빛으로 천천히 아주 천천히 굼뱅이처럼 미동한다 어차피 세월은 시간을 등에 매고 인정 사정 볼 겨를도 없이 지나가 버리는데 뭬 그리 바삐 뛰어 가느냐고 나무라는 얼굴이다 저 사내 점심은 얻어 먹을수 있을까 혹여 오늘 저녁에도 주먹만한 위를 움켜 잡고 뜬눈으로 허기를 달래야 하지 않을까

시침은 남몰래 던져 주고 온 천원짜리 지폐 한 장이 사내 뱃속에서 찐빵처럼 부풀어 올라 그의

주린 배를 달랠 수 있으리라 믿으며 느리게 느리게 걸어 간다 곁눈질하며 앞서 달려 가는 분침, 시침이 열두시간 걷는 거리를 분침은 한 시간에 뛰어 간다 번개처럼 빠른 초침은 예순바퀴 뱅뱅 돌다 지쳐 쓰러진다 생김새도 다르고 키도 다르고 성품도 다르지만 느긋하게 서로 탓하지 말며 미소 짓는 얼굴로 함께 살아 간다면 축복받은 삶으로 우리 모두 얼마나 평화로울 수 있을까

폭포처럼 쏟아지는 빗물은 계곡마을을 휩쓸며 용암처럼 출렁이며 흘러가고 있다 오늘, 살아 있는 것 만으로도 참으로 신이 주신 선물이 아닌가

이별離別

이제 그만 내려 놓을 수 있겠니
마음에 여유가 조금 남아 있을 때
이별은 가슴에 상처가 되겠지만
미련은 버릴 수 있을 테니까

말없이 고요한 향기를 뿌려주는
한포기 난에서 피어오른 꽃잎처럼
멀리 있어도 그윽한 향내 머금고
애석한 그리움 지울 수 있겠니

04
분신

어둠, 강물에 앉을 때

아파트 옥상에서 뛰어내린 햇살 한 줌
기억이 멈추고
몸뚱이의 온기 차츰 식어질 때

어둠은
벌겋게 얼룩진 가슴
풀꽃 한 송이 손아귀에 움켜 잡고
아주 오래 전
솟구치던 불꽃의 흔적 보듬어 안는다

어둠은
물비늘 속에 외발로 서서
강물에 가라앉으며
말 잃은 입술 조개처럼 오므린다

조각배를 띄우고

바다여 파도를 멈추어 다오
조그만 조각배를 띄워야 하는데
무섭게 용틀임치는 너의 노심怒心을
왜 멈추게 하지 못하느냐

작열하던 태양의 마지막 숨결을
가슴에 거두어들인 바다여
뜨거워진 네 마음을
왜 그리도 식히지 못하느냐

아슴한 달빛을 끌어 안고
별님들 속살거리는 바다여
너는 왜 눈을 감지 못하고
그토록 가슴 아파하느냐

사랑이란 한 오라기 바람 같은 것
사랑하던 마음은 구름인 것을
어제는 흘러간 물결인 것을
괴로움에 흐느끼면 어쩌라는 것이냐

이 밤 아픔에 힘겨워 하지만
어둠 가고 새벽이 오면
잔잔한 바다 위에 조각배를 띄우고
우리 사랑 멀리 떠나 보내자

이제, 그만 파도를 멈추어 다오

조각 이불 짜깁기

따스한 봄햇살이 살갗 어루만지면
기쁨이 살포시 가슴을 채웠고
겨울의 칼바람 옷깃으로 파고들면
얼음 삼킨듯 가슴이 시렸다

내 아기 열달 동안 자궁에서 콩닥거리다
세상 밖으로 뛰쳐나와 고고지성 울리던 날
온몸에 전류 흐르듯 찌릿찌릿 행복했다
맑은 날 번개치듯 어머님 영생길로 가신 날은
벌판에 버려진 강아지처럼 며칠을 엎드려 울었다

삶의 보자기에 순간 순간을 짜깁기하며
사랑이란 글자 수없이 썼다 지우고
슬픔이란 글자 썼다 수 없이 지우며
사랑했으므로 행복을 알았고
행복했으므로 슬픔도 알았다

결국 우리의 삶이란, 심혈을 기울여
한 장 그림을 완성하는 화가처럼

주어진 생명의 시간에 오색 조각을 짜깁기하며
조각 이불 한 장을 만드는 파노라마가 아닐까

구름 한 조각

바람의 입술이 물고 온 은행잎
길가에 떨어져 발밑에 구르면
순간 눈가에 이슬이 고이고
아련히 떠오르는 돌담 두른 고향집

어머니 다듬이 소리 귓가에 서성이고
젖은 눈동자에 넓은 대청마루 어른거리니
돌담 울타리에 기대어 실눈 뜨고 기웃거리던
성도 이름도 잊어버린 키 작은 그 소년

조개보다 작은 심장 오돌오돌 두드리며
고향 마을 냇가 자갈밭에 떨어뜨린
설익은 언어들을 치마폭에 주워 담던
그 기억들, 조개구름 한 점인 듯 아득히 멀다

가야금

명주실 뽑아내는 누에고치의
숨소리처럼
어머니의 쪽진 머리 빗어 넘기는
참빗 소리처럼
현을 희롱하는 떨림의 소리
가느다란 손끝으로 세월을 바느질한다

뒷산 숲속의 솔바람 소리처럼
새싹 어루만지는 이슬비 소리처럼
오르내리는 현의 음율이
바람의 나래에 앉아 들을 지나고
구름을 애무하며 바다 위를 난다

황혼의 금빛 물결 노를 저으며
석양 노을 날아가는 기러기 나래 소리
고향집 초가지붕 새끼줄을 타고
돌담 사이로 미끄러져 내려 오다
나비처럼 사뿐사뿐 날아오르는
저 떨림의 소리

난蘭을 만지며

고요가 스며있는 공간 사이로
권태가 슬며시 고개를 치켜든다
숨을 빨아들일 것 같은 빼저린 고독에
삶에 대한 미련이 아득해 지면
마음을 달래며 한 포기 난을 만진다

애석하게 말라버린 가지의 뿌리에서
쫑긋이 솟아나온 여린 줄기 하나
어두운 밤 지나고 새벽 별 깨어나면
아쉬웠던 순간들이 흙 속에서 고개 들고
하나둘 초록으로 새 잎 돋아나겠지

지독한 몸살을 앓고 난 뒤에야
주름진 어미의 등 굽은 허리에서
사랑으로 피어난 난 한 송이
향기로운 꽃내음 방안 가득 번지니
소중하고 가냘픈 생명의 편린이다

오리 한 마리

주룩주룩 내리는 비를 맞으며
물에 젖은 솜이불보다
더 무거워진 날갯죽지 가슴에 안고
외롭게 누워 있는 오리 한 마리

살얼음 뿜어대는 북풍이
앙상하게 늘어진 버드나무 가지 사이
요리저리 비집고 풀섶에 주저 앉아
오리의 깃털 속으로 파고 든다

설날은 눈앞에 다가 왔는데
오늘도 종일토록 기다렸지만
돌아오지 않는 어머니의 기억
홀로 더듬으며 누워 있는가

어버이의 역사일기

꽃 내음 살레살레 앞뜰에 스미고
진달래 장미꽃 새색시처럼 수줍게 손짓하는
5월 어버이날, 봄빛이 물결처럼 출렁이는데
하늘보다 높고 깊은 어버이 은혜를 생각한다

맨살 갈기갈기 찢어지는 어둡고 추운 날들
목숨 같은 아들은 대동아 전쟁터로 끌려가고
온갖 재물 야금야금 남김없이 빼앗겼던
일본에 강탈 당한 조국의 슬픈 역사 36년
지옥처럼 핏물 가득한 굴욕의 세월을

비로소 파란 하늘 바라볼 수 있었던 피눈물로
쟁취한 해방과 독립, 그리고 또다시 붉은 사상으로 물든
김일성의 6 · 25, 피 비린 동란으로 잃어버린 가족
폐허가 된 山河, 그러나 오직 나라와 자식을 지켜야 한다는
신념으로 상처 입은 짐승처럼 뼈를 깎는 고통 견디며
배꼽에 들러붙은 굶주린 배 움켜잡고 들소처럼 일을 하셨지

야산에서 풀 뜯어다 죽 끓여 먹으며 젖 달라 보채는
갓난아기 등에 업고 허우적거리며 보릿고개를 넘었지
라면이라도 끓여 먹으면 될 걸, 왜
배 고프게 살았느냐고 되묻는 어리석은 자손들
이제, 우리나라가 세계의 선진국과 어깨를 겨루며
당당하게 살 수 있도록 눈부시게 발전한 조국을 만들어 준
그 어버이들을, 오늘 젊은이들은 알고 있을까

부끄러운 믿음

내가 아기로 태어나던 날을 생각한다
12월 마지막 날 자정 한해를 마무리하는 지금 이 순간

양수 터뜨리며 분만의 고통으로 어머니는 얼마나 무섭고 아프셨을까, 죽음과 맞바꾸는 산고를 이겨내고 어머니가 따뜻한 내 몸 껴안았을 때 어머니의 가슴 얼마나 떨리셨을까 주님 믿는 믿음 없었으면 어찌 견디셨을까 사랑하는 어머니 살아 계실 때 나는 기쁨과 행복을 얼마나 드렸을까 오늘 새삼 지난 일 생각하노라니 쓰리고 아픈 마음 어찌할 수 없지만 주님의 사랑과 욥의 믿음 은혜로 진주처럼 나의 죄를 하얗게 씻고 있다

불볕 쏟아지는 여름 한낮에 앞뜰의 철쭉나무에 물 한 번 뿌려주지 못하고 매섭게 추운 겨울밤 발가벗어 떨고 있는 감나무 허리에 볏짚 한 번 감아주지 못한 나는 올무에 갇힌 율법처럼 살았다

언젠가 고통에 몸부림치는 친구의 마음을 따뜻이 안아주지 못하고 가난에 시달리는 이웃집에 쌀 한 줌 가져다 주지 않았던 메마른 긍휼, 엄동설한 얼어붙은 겨울 남대문 시장 바닥에 엎드려 구걸하는 사내에게 지전 몇 번 건네주지 못하고 전철에서 도움 청한 눈먼 여인의 그 작은 바구니를 얼마나 채워 주었는가, 뜨거운 햇살 내리쬐는 길가에 앉아 시든 야채 좀 사 달라며 치마폭 붙잡는 등굽은 할머니의 간청을 몇 번이나 거들어 주었었나

부끄러운 삶의 자욱 서글프고 안타까워 영생 믿는 믿음의 자녀로 고쳐 살고픈 염원, 가슴 속에 살아계신 구원의 주 예수님 껴안고 밤하늘 별을 보며 눈물로 회개 기도 드린다

소라 소리

그 이름을 부르면
순간,
바다 내음이 '훅'하고
혀끝을 자극합니다
고향 냄새가 콧속으로 스며들며
물결 소리가 들립니다
하얀 파도가 출렁이며 밀려 옵니다
또르르르르
    또르르르르
        또르르르르
소라 구르는 소리
굵은 소라들이 밀물 타고 굴러 옵니다
푸른 물결이 유희하면서
바위를 밀며 올라 옵니다
섬 냄새가 납니다
갯바위에 걸터앉아
손바닥으로 바닷물을 어루만지면
모세혈관을 자극하며
어머니 냄새가 온몸에 스며듭니다
혀끝으로 소리 없이

이름을 불러 봅니다
어 머 니
　어 머 니
　　어 머 니
썰물에 소라 굴러가는 소리가 들립니다
또르르르르
　또르르르르

분신分身 – 내 딸

쎄에 앵
별똥별 하나 새벽 하늘에서
화살처럼 날아와 내 가슴에 꽂힌 날

번개불이 눈앞을 스치고
수많은 은빛 별들이 반짝거렸다
보름달을 삼킨 듯 온몸이 뜨거웠다
복부가 풍선처럼 부풀어 터질 것 같은 순간
드디어 넌 내 몸의 깊숙한 어둠 속에서
환히 빛나는 밝은 세상으로 머리를 내밀었다
으앙 으앙 으앙 네 울음소리를 듣는 순간
환희와 슬픔이 소리없이 마음 속을 파고들었다
기쁘다는 말은 너무나 부족했다
내 품에 안긴 내 사랑의 분신
이 세상에 오직 하나뿐인 내 딸
우주가 모두 내 품에 안긴 듯
온 세상을 다 쓸어 안은 것 같은 떨림
나는 그 황홀함에 정신을 잃었다

내 딸! 넌 나의 살점이다
넌, 나의 영원한 분신이다

구름 위에서

고도 수천 피트 상공 하얀 구름 위에 앉아서
몇 만 킬로미터 먼 거리의 아들을 보고 있다

목숨을 담보로 내 살점 떼어주고
붉은 피 쏟아서 빚어낸 소중한 내 생명의 분신
자궁에서 여덟 달 보름, 2.2킬로그램의 조산아
크리스탈 인형처럼 만지면 깨질 것 같았다

쌀톨 같은 이빨 처음 돋아 오물거리던 입술
혹여 그 깨알 같은 젖니 뽑혀질까 전전긍긍하였다
꼬막 같은 신발 신고 한 발짝 뒤우뚱 발 내어딛으며
달팽이 같은 주먹 불끈 쥐고 파르르 떨면
가슴 저리는 사랑스러움에 내 늑골 적시던 아기였다

생후 두 달 반, 모세기관지염으로
토끼 같이 작은 몸뚱이 불가마처럼 펄펄 끓을 때
미친 듯 껴안고 달려간 대학병원 응급실에서

흰 가운 부여잡고 무조건 내 아기 살려달라 울부짖던
난, 어미 사자후였다

지평선도 보이지 않는 구름 위의 높은 하늘
솜이불 펼쳐 놓은 듯한 뭉개구름 위에 앉아
수십 년 전 그때 아들의 모습 울컥 떠오르니
뇌 속 붉은 피톨이 오글오글 살아난다

수만 리 미국 땅에 가족이란 뿌리 내리고
정성으로 자기 핏줄 기르고 있을텐데
난, 만남의 기쁨과 포말 같은 그리움으로
가슴을 부둥켜 안고 하늘을 날고 있다

허공에 집을 지으며

어미는 삶의 보자기에
한 점 자욱을 남기기 위하여
목숨 하늘에 맡기고 낳아서 다듬으며
까만 머리 하얗게 바래어 가도록
아들이라는 그림을 그렸다

그러나 지금
지구 반 바퀴를 돌아야 갈 수 있는
이국異國 만 리 먼 곳으로
민들레 홀씨처럼 날아가
푸른 너의 꿈을 키우고 있구나

봄바람 한 줌 움켜 잡은 어미는
수많은 어제의 네 발자욱을 찾아
알 수 없는 허허로운 마음으로
거미처럼 허공에 집을 지으며
구름에 너의 모습 그려보고 있구나

손녀의 일기

나는 외할머니를 엄청 좋아한다
하늘에 떠 있는 별을 모두 합치면
할머니를 사랑하는 내 마음만 할까
사랑 듬뿍 담긴 할머니의 미소가
나를 업어 주시던 할머니 냄새가
장미꽃 향기보다 더 좋다
배 아프다 울면 살살 배를 문지르시며
노래를 불러주시는 할머니 손은 약손이다
내가 할머니를 얼마나 많이 사랑하는지

할머니도 내 마음을 알고 계실까

손녀의 일기를 몰래 읽으며
할머니 마음 속에 둥근 보름달이
발갛게 두둥실 떠오르고 있다
할머니 가슴 둥근 주머니 안에서
사랑하는 손녀가 박꽃처럼 웃고 있다
손녀의 야들야들한 바이올린 소리가
할머니에게 행복 노래를 들려주고 있다
사랑하는 손녀의 사랑일기가

온종일 할머니의 마음 속에
행복 바이러스를 만들어 주고 있다

살아갈 수 있는 이유

서러움과 울부짖음에
흐느끼는 순간에도
나의 삶에 미련이 있다면

살갗 찢어지는 고통으로
가슴 속에 핏물 고이는 시간에도
나의 삶에 보람이 있다면

정녕
그것은
마음을 달래어 주는
詩가 있음이니
거기엔
그리운 사람의 발자욱이 있고
포근한 어머니의 젖가슴이 있다

오늘
이렇게
삶이란 그림에 한 점을 찍으며
살아갈 수 있는 이유는

詩를 읊을 수 있는
가슴이 남아 있는 까닭이리라

05
아침 안개

아침 안개
굴 속의 시심
왜 詩를 쓰느냐
자화상 1
자화상 2
첫눈 내리는 날
숲속의 작은 연못
사랑의 진실
황혼
오직 예수 믿음으로
믿음으로 다시 살리라
몽골의 사막에서
오모계곡의 원주민
노르웨이 피요르드(협곡)에서
문주란

아침 안개

이른 아침, 진흙탕 속을 헤매이고 다녀도
마음만은 더럽혀지지 않기를

고난과 함께 울게 되더라도
맑은 거울 앞에서 삶을 응시할 수 있기를

앞뜰에 피어난 진달래가 내 눈을 훔쳐 가더라도
가파른 들에 피어 있는 풀꽃을 더 사랑하게 되기를

스스로 몸을 낮추어 흙 위에 엎드린 꽃잔디처럼
잔잔한 사랑으로 눈먼 정열을 삼킬 수 있기를

의미로 가득한 삶의 그물을 올려
만선의 기쁨으로 오늘의 삶에 충실하기를

꽃잎도 별빛도 잠든 이른 새벽
나는 창문을 열고 흐르는 강물을 어루만진다

굴 속의 시심詩心

나는 날마다 캄캄한 굴 속으로 들어간다
번쩍이는 금맥을 찾는 것도 아닌데

낮이고 밤이고 느리게 아주 느리게
날마다 한 발자국씩 더 깊고
깊게 파고 들어간다
하얗게 태워버린 지난 시간들은
어디로 날아갔는지 알 수 없지만
빈손 움켜 쥐고 되돌아 나올 수는 없다

닳아 빠진 목필로 어둠에 구멍을 뚫으며
점점 다시 돌아 나올 수 없는 깊은 굴 속으로
뚝뚝 떨어지는 낙숫물에 온몸 적시며
설레는 마음 가슴에 품어안고
보이지도 만질 수도 없는 것을 찾으려
오늘도 더 깊은 곳으로 들어가고 있다

까맣게 질척거리는 머언 바위틈으로
명주실처럼 가느다란 빛이 보인다
작은 반딧불들이 별처럼 반짝이고 있다

이렇게 깊은 굴 속 어디서 들어왔을까
목이 마르고 지친 나는 그래도 그 빛을 놓칠세라
캄캄한 굴 속으로 기를 쓰며 들어가고 있다

깊고 깊은 마음의 굴 속
내 시심詩心의 막장幕帳은 어디쯤 있을까

왜 詩를 쓰느냐

한 친구가 물었다 왜 시를 쓰느냐고
시는 궁핍과 고통이 깊숙하게 숨어 있는 곳에서
감성과 탁월한 상상력을 수반해야 쓸 수 있는데
활짝 핀 장미꽃밭에서 행복과 놀던 사람에게
문학이 숨 쉴 공간이 있다고 생각 하느냐고
시를 쓰기 위해서 불행해질 필요는 없겠지만
그래도 아픔을 가져보지 못 한 자가 어떻게
문학을 소유하려 하느냐고
사람이 사는 세상에 완전한 행복은 없으며
슬픔과 괴로움이 없는 사람은 없다
사람은 누구나 타인이 알 수 없는 자신만 느끼는
고통이 있고 슬픔이나 외로움을 가지고 있다
그렇듯이 문학은 어떤 사람이나 향유할 수 있고
문학의 향기에 도취하면 시도 쓰고 수필도 쓰고
소설 콩트 시조 어떤 장르도 쓸 수 있다
시장통 초막집 호사스러운 해변의 별장이나
탄광 갱 속 따뜻한 침실 어디서든 詩는 쓸 수 있다
버스 지하철 기차를 탄 사람들 누구나 시를 쓸
수 있으며

물아일체物我一體의 감성을 노래하고 싶은 사람이라면 누구나
시를 쓰는 시인이 될 수 있다, 문학은 특별한 사람들의
소유물이 아니라 모든 사람의 영혼에 광명을 안겨 주는
알파이며 오메가이다 그러므로 눈에 보이지 않는 돌 틈에서
작은 풀꽃이 피어나는 것처럼 시를 쓰는 것은 내가 숨 쉬며
살아가는 보람이며 존재의 이유다 친구야!
다시는 묻지 마라 왜 시를 쓰고 싶어 하느냐고
왜 문학을 좋아 하느냐고

자화상 1 – 당신은 누구세요?

해무리 머리에 얹은 새벽 안개가
창문 사이를 기웃거리는 미명에
창밖을 바라보는데 무언가 말씀하시려는
아버지의 얼굴이 유리창에 스친다
잠깐, 잘 익은 복숭아처럼 뽀오얀
어머니의 웃음 담긴 얼굴도 보인다
오십대에 저 세상으로 떠나가신 큰 언니 얼굴도
어른거린다 좀 더 오래 살지 왜 그리 빨리 가셨어
내 눈에서 이슬이 도르르 굴러 떨어진다
학생 운동 한답시고 바람개비처럼 돌아다니며
어머니 심장을 까맣게 태우던 작은 언니의
루즈를 바르지 않은 바알간 입술도 웃고 있다
웅변을 잘해서 관중의 열띤 박수를 받고
기쁨에 환호하는 오빠의 옆 얼굴이 잠깐 보인다
늘 어리광부리며 내 몫을 빼앗아 먹던
욕심 많은 여동생까지 온 가족의 얼굴이
내 얼굴 위에 살포시 포개져 보인다
사랑하던 핏줄들이 내 세포에 얽혀 있구나
유리창에 비친 내 얼굴을 가만히 들여다 본다

세월이 얼마나 빠르게 곤두박질쳤는가
추수 끝난 볏집처럼 부스스한 머리
고구마 껍질처럼 투박하고 화장기 없는 피부
눈꺼풀이 내려 앉은 주름진 눈꼬리
입가에 실개천이 얄밉게 흐르고
칠십 고개 넘어선 팔자 주름의 낯선 여인
싱그러운 여름 상추처럼 언제나 나는
맑고 화사한 얼굴로 살으리라 믿었는데
거울 속에 보이는 당신은 도대체 누구세요?
스스로도 믿을 수 없는 자화상이 그려 있다

자화상 2 – 빈 그릇만 손에 들고

거울 앞에 서 있는 나의 눈동자
풀잎에 매달린 이슬방울처럼
파르르 파르르 떨고 있습니다

햇살처럼 따스한 사람이고 싶었지만
발밑에 구르는 낙엽처럼
부서지고 초라한 모습입니다

배고픈 사람에게 따끈한 쌀밥을
밥그릇 한가득 담아주고 싶었지만
빈 그릇만 손에 들고 있습니다

겨울바람이 치맛자락 쓸며 지나가 버린
감나무 가지에 달랑 매달려 말라버린 까치밥
처럼
무용지물無用之物이 되어 버렸습니다

그러나, 슬퍼하지는 않으렵니다
봄 햇살 입에 물고 날아온 제비처럼
산기슭 돌고 돌아 흐르는 강물처럼
사랑하는 시어詩語를 찾아 나설 것입니다

첫눈 내리는 날

소나무 가지마다
울려 퍼지는
하얀 눈의 함성

추억 속에서
소복의 여인으로
피어난 함박꽃

변신의 신비로움

육각수의 세포 분열

푸른 대나무 숲에서
반짝이는
하얀 별들의 수다

눈 흘기는
햇살의 시샘
그 미소에 녹아내리는

눈사람

사람

사람들

첫눈 내리는 날

숲속의 작은 연못

낙엽이 바스스스
내 가슴 위에 쌓이던 날
너를 보내고 다시 새 봄이
나를 찾아온다는 걸 알지 못했어
그 날이 내 생명의 끝이라고 믿었어
그리고 비오는 오솔길을 걸었지

함박눈 꽃처럼 소담스레 내리며
내 눈물 살며시 어루만져 주던 밤
하늘의 별들 이야기가 들렸어
또 다시 봄 햇살이 찾아 올 거야
얼음장 밑에서 소곤거리며
흐르는 물소리를 들어 봐

뻐꾹이 소리에 숲속 고요가 깨어나고
엄마제비 남쪽에서 날아오던 날
햇님이 내 몸을 어루만져 주면서
우리가 잠시 헤어져 있었지만
이제 다시 내 곁을 떠나지 않겠다고
물안개 치마폭을 감싸 안아 주었어

사랑의 진실

사랑한다는 것은
둘이서 손잡고 들길을 걸으며
단숨에 향기로운 꽃을
한아름 꺾을 수 있을 것이란
착각의 꿈을 꾸며
햇님을 바라보지 못하고
달빛 속을 헤매고 다니는 거야

사랑한다는 것은
두 손을 맞잡고 높고 아름다운
산의 능선을 오르는 게 아니라
깊고 험한 숲속에서
홀로 괴로움과 고독함에
온몸을 바들바들 떨면서
새의 둥지를 찾아다니는 거야

사랑한다는 것은
별처럼 반짝이는 서로의 눈빛을
마주 바라보는 기쁨의 순간이
촛불처럼, 고드름처럼

생명이 녹아내리는 슬픔이라는 걸
화끈거리는 상처에 붕대를 감고
폭우 속을 헤매면서 알게 될 거야

황혼

저녁 노을 이끌고

갈매기 날아가는 길목

낙엽 구르는 소리

갈대밭에 우짖는 바람 소리

겨드랑이에 바람 든 무우처럼

생명의 샘물이 마른다

비단처럼 반짝이던

삶의 그물을 걷어 올리며

무거운 걸음 걸음

되돌아 보는 애절함으로

붉게 젖은 저녁 바다에

심장의 박동소리 서서히 잠긴다

오직 예수 믿음으로

이제 그만 내려 놓을 수 있을까 무거운 짐을
여유 조금 남아 있을 때 헛되고 헛된 것들 놓아 버리면
검은 상처, 세상 이별의 흔적 조금은 남겠지만
미련은 버릴 수 있을 거야 오직 예수 믿음으로

말없이 고요하게 향기를 뿌려 주는
성스러운 사복음 성경전서 가슴에 품고
한 포기 한란에서 피어오른 꽃잎처럼
오직 예수 자녀 어린 양 순종하는 믿음으로

어두운 길 실족함 깨우쳐 주신 구세주 하나님
진리의 길로 인도하신 나의 예수 그리스도
믿음의 자녀로 다시 태어난 감사와 사랑 마음
멀리 있어도 그윽한 긍휼 오직 예수 믿음이라

믿음으로 다시 살리라

십자가에 못 박혀 죽으심으로
우리 죄를 사해 주신 주 하나님

그리스도 예수의 보배로운 붉은 피
그토록 우리를 사랑하셨는데
하늘 같은 높은 뜻 못 받아들인
잃어버린 세월을 어찌할까요

믿음 없이 흘러간 길고 긴 세월
영원히 돌아올 수 없는 강물 같지만
세 번이나 그 이름 모른다고 부정한
베드로의 영생 구원 믿음이리라

흠 없고 점 없이 착한 어린 양처럼
반석 같은 믿음으로 다시 살아 보리라

몽골의 사막에서

하늘이 노랗게 부서져 가랑비처럼 내린다
동토冬土에 얼룩진 몽골 사막
황무지 버려진 땅
진드기 달라붙고
병균 득실 거리는 황사黃沙
살갗 벗겨지고
맨살 찢어지는 한숨소리 가득한
풀 한 잎 돋아나지 못 하는 깡마른 사막
꿈을 심어주며 비지땀 흘리는 대한의 건아健兒들이 있다

절망을 등에 업고 목적없이 헤매는
시커먼 구름 걷어내고
그들과 함께 수전을 뚫고 물길을 내어
삽과 괭이와 호미를 들고
옥토玉土를 일구며 묘목苗木을 심는 사람들
그들은 진정으로 사람을 사랑하는 따뜻한 마음을 나눠주며
그들은 참으로 지구를 보호하려는 노력 봉사의 옷을 입고

그들은 진심으로 자기의 희생을 기쁨과 보람으로 승화昇華시키는
우리의 자랑스러운 젊은이 얼어붙은 몽골의 희망이다

오모계곡의 원주민

에티오피아의 오지娛地 오모계곡
까만 피부와 태초의 모습 그대로인 사람들
흑진주처럼 반짝이는 눈동자
여자들은 아발레*를 입술에 꿰어 넣고
소와 함께 맨몸으로 뒹굴며 살고 있다

언제나 이마에 흰 머리띠 두르고
날이 밝으면 잠에서 깨어나
소의 옆구리를 창으로 찔러
흐르는 붉은 피 우유처럼 받아 마시고
물고기 들짐승 날로 잡아 먹으며
일 년 열두 달 미련 없이 사는 사람들

일 년 내내 변치 않는 뜨거운 계절의 나라
자신을 낳은 나라 이름 자기 성도 모르고
지구가 둥글다는 사실조차 모르며
다른 사람들 어디에서 어떻게 살고 있는지
아무것도 모르고 산 속 깊은 계곡에서
자타일체自他一體의 행복을 느끼며 산다

오늘도 가엾은 그곳 여자들은
아랫 입술 뚫고 아발레를 끼워 넣고
고통을 당연하게 반추하며 살고 있다

* 아발레 : 진흙을 빚어 만든 초승달 모양의 물체

노르웨이 피요르드(협곡)에서

노르웨이 백야의 칠월 스무날
게이랑에르 송내 피요르드에서
신기한 빙하 오픈 카를 탔다

세계 최장을 자랑하는 송내 피요르드
만힐러에서 포드네스로 가는 협곡
우뚝 우뚝 솟은 산, 아득히 깊은 숲속
숲속의 심장을 뚫고 하늘을 감싸 안고 있는
에메랄드 빛으로 반짝이는 크고 작은 호수들
선녀들이 방금 목욕재계하고 하늘로 오른 듯
바이올렛 향기 번지는 꿈꾸는 피요르드
칠선녀 폭포수 눈이 시리게 하늘로 솟아 오르며
아름다운 천상의 꿈을 꾸게 한다
환생의 신비 누리며 술병 메고
계곡을 오르다 바위에 매달려
술병으로 변한 주정뱅이 폭포는
가슴 속에 아린 슬픔을 안겨 준다

하늘은 호수 깊숙이 잠들고
바위숲을 아우르며 꿈을 꾸는 절경

1750 미터의 피요르드
아!
신이 내려준 노르웨이의 축복

문주란

따사로운 봄 햇살 스며든 아침
베란다 유리창을 열고
창문 밖 탄천에 살며시 앉아있는
들풀 내음에 가슴을 펴며
거실의 화초를 살펴 보았다

이십여 년 함께 살며 아씨가 된 문주란
학鶴처럼 목이 긴 꽃대 솟아 나오더니
수줍은 듯 멍울진 꽃망울 품고
뽐내면서 미소 짓는 고고한 자태
태아 자라듯 어느 사이 배가 불룩해졌다

엄마 자궁 속 자라는 아기처럼 점점
봉긋하게 뱃살 오르더니 어쩜, 오늘 아침
바라보는 순간, 하얀 꽃송이들 활짝 피었다
그 어떤 언어로, 그 아름다움을 표현하랴
산고의 고통과 기쁨에 흠뻑 취한 선녀같다

다둥이를 한꺼번에 분만한
가냘픈 여인의 고고한 모습으로

입 다문 벙어리처럼 기쁜 눈물만 떨구니
핏내 얼룩진 꽃대를 살며시 애무하며
아기꽃 향기 가슴 깊이 품어 주었다

작품해설

심층의 깊이를 더하는 순도 높은 감동의 울림

지연희 | 시인, 수필가

詩는 시인이 내다보는 삶의 세계이며 지고지순한 시선으로 천착한 의미의 그릇이다. 하여 독자는 그 그릇에 담겨진 언어를 마치 맛 좋은 음식을 취하듯 음미하게 되는데 이는 오직 시인 개개인의 정서와 감정에 의한 표현이 아닐 수 없다. 시는 인간의 정서를 다루는 문학이기 때문이다. '시는 상상과 감정을 통한 인생의 해석이다(W.H.Hudson)'라고 했다. 어떤 장르의 문학일지라도 인생을 다루지 않는 부분은 없지만 극도의 응축과 긴장 속에서 인생을 그려야 한다는 장르적 특성을 지니고 있다. 때문에 한 행의 언어로 세계를 담을 수 있다면 가장 훌륭한 시가 아니겠는가 꿈꾸기도 한다.

백미숙 시인이 첫 시집『나비의 그림자』를 출간하고 6년 만에 두 번째 시집『리모델링 하고 싶은 여자』를 출간하고 있다. 총 75편의 중량감 있는 시들을 새롭게 선보이게 되어 독자의 관심을 집중시키고 있다. 다만 두 번째 시집 출간의 시기가 다소 지체된 이유는 2010년 돌연한 건강 이상으로 치유의 시간이 필요했던 까닭이다. 주변 사람들의 걱정을 지우고 이제 건강이 회복되어 그간 꾸준한 시작 활동의 흔적을 모아 결실을 보게 되어 매우 축하할 일이다. 첫 시집에서 짚어낸 흐름이 맑고 순연한 자연 속에 숨쉬는 대상들과의 조우이며 '아름다운 인성을 바탕에 둔 조금은 소외되고 가엾은 소시민을 향한 따뜻한 시선이다'라고 보면 오늘 두 번째 시집의 메시지는 한층 심층의 깊이를 더하는 순도 높은 감동의 울림이지 싶다.

구름의 꼬리를 물고 나는 바람이
설악산 대청봉 자락에 봉황새 그려 놓고
외설악에 공작새 날개를 펼쳐 놓고
바람의 붓끝으로 계절을 수 놓았다

여름 동안 폭염에 진땀 흘리더니
날개처럼 부드러운 숨결로
나뭇잎을 한 장씩 만지며
제 살갗 실핏줄 한 올씩 풀어가며
적황색 진홍빛 오색수를 그려놓았다

산봉우리마다 새들이 날아들고
날개 활짝 펼치며 춤추는 나뭇잎들
바람의 붓끝으로 그려낸 수채화 병풍
산과 사람과 새들의 허파를 자맥질한다

시 「바람의 붓끝으로」 전문

조개껍질 같은 엷은 구름을 등에 업고
높고 파란 하늘이 가을 손을 잡고 걸어 온다
대숲 스치는 바람소리 창호 사이로 들어서니

여름이 저만치 걸어 나가고 있다
꽃잎 위에 날던 나비들은 어디로 갔나
고추잠자리들이 뜨락에서 사랑놀이 하고 있다
여치의 울음소리 밤이슬에 굴러 떨어지고
창틀에 매달린 귀뚜라미 노랫소리 낭랑하다
붉은 피 토해 내는 저녁 노을 우편함에 집어넣고
허물 벗은 매미는 흙 속으로 스며들어 갔다
뿌리 뽑힌 풀꽃처럼 하루가 지나가고
햇살 한 줌 받아 마신 계곡물이 수런거리며
발가벗은 몸뚱이를 쓰다듬고 있다

시 「여름은 저만치 걸어 나가고」 전문

시인이 포착한 대상을 향한 시선 뒤에는 심오한 감정의 가닥을 확인하는 순간이 된다. 그 감정의 빛깔로 그려놓은 정서를 독자는 획득하게 되는데 시 「바람의 붓끝으로」에서 구조된 그림은 '바람의 붓끝으로 그려낸 수채화 병풍이다' 설악산 대청봉 자락에 봉황새를 그려놓고 외설악에 공작새의 날개를 놓쳐내어 적황색 진홍색의 수실로 가을 산의 색감을 구체화시키고 있다. 더욱이 시인의 상상력은 '여름 동안 폭염에 진땀 흘리더니/날개처럼 부드러운 숨결로/나뭇잎을 한 장씩 만지며/제 살갗 실핏줄 한 올씩 풀어가며' 오색수를 그려놓았다는 것이다. 바람의 측은지

심이 부드러운 숨결로 일어서 제 살갗 실핏줄 한 올씩 풀어 수채화를 완성하는 수고를 이 시는 보여준다. 설악산의 아름다운 가을 풍경을 직감하고 일으켜 세운 따뜻한 정서의 완성이다.

시인의 풍부하게 열려있는 시 정신의 확장은 당연한 일임에도 불구하고 시「여름은 저만치 걸어 나가고」에서 제시한 언어의 구체적 이미지 확대는 잠든 의식을 깨우는 충격이며 백미숙 시인의 놀라운 발전임을 확인하게 했다. '조개껍질 같은 얇은 구름을 등에 업고/높고 파란 하늘이 가을 손을 잡고 걸어 온다'는 그림은 가을의 발걸음이 여름의 문에 성큼 들어서는 동적 움직임을 감각하게 한다. 나아가 '붉은 피 토해 내는 저녁 노을 우편함에 집어넣고/허물 벗은 매미는 흙 속으로 스며들어 갔다'라거나 '뿌리 뽑힌 풀꽃처럼 하루가 지나가고/햇살 한 줌 받아 마신 계곡물이 수런거리며/발가벗은 몸뚱이를 쓰다듬고 있다'는 여름에서 가을의 시간 속에 저물고 있는 해질녘의 하늘과 땅, 계곡물로 비춰내는 현상들이 예사롭지 않다. 쉼 없이 물화物化되거나 육화肉化되어 존재하는 의미들을 만날 수 있어서 긴장의 폭을 넓혔다.

뜨거운 여름날 하늘에서 벼락 떨어지듯

어느날 갑자기 내가 떠나더라도
그대 놀라지 마라
울지도 마라
파란 하늘에 둥실 떠 있던
뭉개구름이 폭우되어 우뢰처럼
쏟아지는 걸 보지 못 했니

초콜릿 같은 사랑으로
내 마음 가득 채워주던 그대
뜰 앞에 핀 봉숭아꽃이
요란한 소나기에 뽑히듯
내 그림자 꽃잎처럼 날아가
그대 눈앞에서
갑자기 사라져 버린다 해도

만일, 허공에 불던 칼바람이
그대 가슴에 박히고
새까만 핏멍울 뚝뚝 떨어지며
삶과 죽음의 갈림길에 홀로 서 있더라도
그대 방황하지 않고 나와 함께
꽃물 들이며 행복했던 시간만
기억해 줄 수 있겠니

---

* 어느날 갑자기 심장판막증으로 쓰러진 다음날

시 「기억해 줄 수 있겠니」 전문

이른 새벽 내린 찬서리에
얼어버린 풀잎처럼
하얗게 질려있는 내 심장의 피를
그대여
펄떡이는 고래 심장의 뜨거운 붉은 피로
가득 채워 줄 수 있겠니
처마 끝에 매달린 채
온몸의 살점 녹아내리는
고드름 같은 내 영혼의 빙점

새벽 두 시
칠흑 같은 어둠으로 방안을 가득 채운
슬픈 고독이
세탁기 돌아가는 소용돌이처럼
잘근잘근 내 몸 속의 실핏줄까지
겨울비에 젖은 듯 스며들고 있다
방금, 하늘이 무너져 내린 것처럼
마지막 남은 작은 숨구멍 하나
파장한 장터에 얼어붙었다

시 「빙점」 전문

앞서 두 편의 시는 주정적 시임에도 불구하고 자연의 풍경을 감상하고 노래한 시라고 보면, 시 「기억해 줄 수 있겠니」 시 「빙점」은 시인 자신을 주지하는 주정적 패러다임 속 깊은 감성의 울림이 묻어나는 시이다. '뜨거운 여름날 하늘에서 벼락 떨어지듯/어느 날 갑자기 내가 떠나더라도/그대 놀라지 마라/울지도 마라'라고 하는 예고 없이 다가올지 모를 이별에 대한 아픔을 시 「기억해 줄 수 있겠니」에서 보여준다. 시 본문의 하면에 주를 달고 있는 '어느날 갑자기 심장판막증으로 쓰러진 다음날'의 언어로 이해할 수 있듯이 심장판막증으로 쓰러지고 그 다음 날 썼다는 이 시를 감상하면 생사의 기로에 선 시인의 심경이 얼마나 잿빛 사유思惟 속에 있었나를 감지하게 한다. '하늘에서 벼락 떨어지듯 어느 날 갑자기 내가 떠나더라도 그대 놀라지 마라, 울지도 마라'는 당부가 가슴 가득 이별의 아픈 파장을 일으키게 한다. 가장 절실한 가장 원형질의 감성이 살아있는 언어 구조의 이 시는 독자의 감성을 겨냥하여 명증하게 명중시킬 수 있는 울림의 시가 아닌가 싶다.

시 「빙점」의 내연의 의미도 위의 시와 다르지 않다. 그대 놀라지 마라, 울지도 마라는 당부의 말처럼 그대에게 전하는 순도 높은 부탁이다. '이른 새벽 내린 찬 서리에/얼어버린 풀잎처럼/하얗게 질려있는 내 심장의 피를/그대여/펄떡이는 고래 심장의 뜨거운 붉은 피로/가득 채워 줄 수 있겠니'라는 화자의 절박한 심정적 동요가 근저에 흐르는 시「빙점」은 새벽 두 시 칠흑 같은 어둠의 방안 슬픈 고독의 그림자에 휩싸인 절체절명의 외로움이 밀물처럼 스며들고 있다. 결국 '방금, 하늘이 무너져 내린 것처럼/마지막 남은 작은 숨구멍 하나/파장한 장터에 얼어붙었다'는 생명의 위협이 자리한 결빙점은 당면한 병의 정도가 어느 만 큼 심각한가를 비유하는 제시어이다. '하얗게 질려있는 내 심장의 피를 펄떡이는 고래 심장의 뜨거운 붉은 피로 가득 채워줄 수 있겠니'라고 하는 거듭된 절박함이다. 홀로 눈 뜬 밤 '그대'라는 대상을 향한 간절한 구원의 기도가 아프게 한다.

잠 못 이루는 밤
모세혈관이 움츠러들고
숨을 들이키는 생명의 끈이
겨울나무 줄기에서 흔들리는
한 장의 나뭇잎처럼 서러워질 때
사랑은
여름 한낮의 소나기로
쓰나미처럼 가슴 속을 후빈다

은쟁반처럼 둥근 보름달이
짤려나간 손톱처럼 떨어져 뒹굴고
불가마처럼 뜨겁게 타오르던 태양이

하얗게 부서져 서산에 내려 앉으니
칠흑같던 머리에 서리 내리고
그제서야
눈꺼풀에 덮인 사랑
샘물처럼 가슴에 고인다

시 「나뭇잎처럼」 전문

서창에 매달린 황혼
가슴 저리는 붉은 눈동자
그리움 되새김질하며
겨울의 문턱에 앉아 있다

시작도 끝도 없는
어둠이 밀려오는데
실체도 없는 넓은 허공에서
바람은 날개만 퍼덕거린다

손에 잡히지 않는 기억을 잡으려고
허기에 시달리며 달려 왔는데
지난 세월의 이야기들은
갈색 낙엽으로 흔적만 남아 있다

시 「흔적만 남아」 전문

시 「나뭇잎처럼」이나 시 「흔적만 남아」는 지나온 시간의 반추이다. 흘려 보낸 시간 속 삶의 편린들이 문득 기억의 통로를 관통하여 의식을 여는, 하여 어떤 깨달음에 닿게 되는 일이다. 시 문학의 구조에 있어 이를 표현론적 관점의 가닥으로 분리하게 되는데 시 「나뭇잎처럼」은 ~으로 하여 '그제서야/눈꺼풀에 덮인 사랑/샘물처럼 가슴에 고인다'는 결과를 낳고 있다. 지난 삶의 발자취에 묻은 시간과 열정 그리고 어쩔 수 없이 지고 마는 세월의 허망함 속에서도 사랑의 소중한 흐름만은 가슴에 샘물처럼 흘러 마름없이 고여 있다는 것이다. '은쟁반처럼 둥근 보름달이/짤려나간 손톱처럼 떨어져 뒹굴고/불가마처럼 뜨겁게 타오르던 태양이/하얗게 부서져 서산에 내려 앉으니/칠흑 같던 머리에 서리 내리고/그제서야/눈꺼풀에 덮인 사랑/샘물처럼 가슴에 고인다'는 고결한 사랑의 깊이를 보여준다.

시 「흔적만 남아」의 메시지는 그리움이다. 황혼의 저녁 서창에 기대어 붉은 눈동자로 그리움을 새김질하는 겨울 문턱의 사람 하나를 만나게 된다. 황혼의 서창, 그리고 겨울 문턱의 시간과 공간의 배경으로 보면 이 시의 흐름은 그리움이라는 이름으로 대리된 지난 추억 속 아름다움 되돌리기의 노력이다. '시작도 끝도 없는/어둠이 밀려오는데/실체도 없는 넓은 허공에서/바람은 날개만 퍼덕거린다'는 자취를 감춘 실존에 대한 낙심이다. 어느 만큼 세월의 흐름을 취득한 사람으로 회심灰心 가득한 실의가 묻어난다. '손에 잡히지 않는 기억을 잡으려고/허기에 시달리며 달려 왔는데/지난 세월의 이야기들은/갈색 낙엽으로 흔적만 남아 있다'는 잃어버린 것들에 대한 아픔이다.

백미숙 시인의 시집 1집에서 깊이 느끼지 못한 2집의 변화라고 한다면 아마도 시 「나뭇잎처럼」이나 시 「흔적만 남아」에서 짚고 있는 배경이랄 수 있다. 지난 세월에 담아 놓은 그리움 퍼 올리기와, 천형으로 지고 있는 사람으로의 고독(슬픈)이 깊숙이 자리하고 있다는 점이다. 이와 같은 현상은 물론 나이의 보탬이랄 수도 있겠으나 시인으로의 심도 깊은 대상(글의 주제)에 대한 의미의 천착이 아니겠는가 헤아려진다.

명주실 뽑아내는 누에고치의
숨소리처럼
어머니의 쪽진 머리 빗어 넘기는
참빗 소리처럼
현을 희롱하는 떨림의 소리
가느다란 손끝으로 세월을 바느질한다

뒷산 숲속의 솔바람 소리처럼
새싹 어루만지는 이슬비 소리처럼
오르내리는 현의 음률이
바람의 나래에 앉아 들을 지나고

구름을 애무하며 바다 위를 난다

황혼의 금빛 물결 노를 저으며
석양 노을 날아가는 기러기 나래 소리
고향집 초가지붕 새끼줄을 타고
돌담 사이로 미끄러져 내려오다
나비처럼 사뿐사뿐 날아오르는
저 떨림의 소리

시 「가야금」 전문

주룩주룩 내리는 비를 맞으며
물에 젖은 솜이불보다
더 무거워진 날갯죽지 가슴에 안고
외롭게 누워 있는 오리 한 마리

살얼음 뿜어대는 북풍이
앙상하게 늘어진 버드나무 가지 사이
요리저리 비집고 풀 섶에 주저앉아
오리의 깃털 속으로 파고 든다

설날은 눈앞에 다가 왔는데
오늘도 종일토록 기다렸지만
돌아오지 않는 어머니의 기억
홀로 더듬으며 누워 있는가

시 「오리 한 마리」 전문

시인의 정서에 묻은 모든 대상들은 본연의 자태를 뛰어 넘는 새로운 의미 탄생의 축복을 맞이한다. 시 「가야금」은 리듬을 타고 유희하는 현의 떨림을 '명주실 뽑아내는 누에고치의 숨소리, 어머니 쪽진 머리 빗어 넘기는 참빗소리'로 현악기의 음률을 생명을 잦는 누에의 숨소리에 귀 기울이게 하고, 기억 속 잊혀 진 어머니의 정갈한 머릿결을 연상하게 하여, 들릴 듯 말 듯 한 동백기름 묻은 빗질소리에 가슴을 열게 한다. 마침내 '고향집 초가지붕 새끼줄을 타고/돌담 사이로 미끄러져 내려오다/나비처럼 사뿐사뿐 날아오르는/저 떨림의 소리'에 머물게 되는데 시 「가야금」의 청아한 곡조는 고향집 돌담 사이로 미끄러져 내려오는 솔바람처럼 순연한 향취에 젖게 한다. 순박하고 질박한 어머니의 젖 내음을 듣게 한다.

오리 한 마리의 외로운 우중雨中 기다림을 그려내는 시 「오리 한 마리」는 물에 젖은 솜이불보다 더 무거운 날갯죽지를 가슴에 안고 오리 한 마리가 하염없이 누워 있다. 외로운 모습으로 주룩 주룩 비를 맞으며 꿈쩍도 하지 않는 용심이 보인다. 무슨 깊은 사연을 안고 누군가를 기다리는 단호함이 언어의 행간을 암시하는 모습이다. 더욱이 '살얼음 뿜어대는 북풍이/앙상하게 늘어진 버드나무 가지 사이/요리저리 비집고 풀 섶에 주저앉아/오리의 깃털 속으로 파고 든다'는 추위를 품고 있는 절박한 상황을 이 시의 언어들은 도입부에서 중반부까지 배치하고 있다. 비로소 시인은 오리 한 마리가 감당해야 할 가혹한 아픔의 이유를 마지막 연에서 풀어내게 되는데 '종일토록 기다려도 돌아오지 않는 어머니의 기억 홀로 더듬으며 누워 있는' 어린 자식의 어머니 기다리는 뼈아픈 그리움을 말하고 있다.

햇빛 쏟아지는 도시의 한낮
멀쩡한 콘크리트 12층 아파트
쾅, 콰르릉 폭발음과 함께
와르르 무너져 내린다
다이아몬드 촘촘하게 박히고
대리석으로 번쩍이는 52층 초현대식
빌딩으로 재건축 한다는 안내판
네온싸인 불빛 받아 현란하게 반짝인다

햇살과 먼지와 네온광에 눈 찌푸리고
넋 잃은 듯 서 있는 초라한 중년 여자
덕지덕지 까만 때에 쩔어 있는
구차한 자신 몸뚱이와 마음까지 몽땅
시궁창 깊숙히 던져 버리고
에메랄드처럼 사랑스러운 보석으로
리모델링 하고 싶은 그 여자
핏물 어린 눈동자에 고인 눈물을
하얀 낮달이 닦아 주고 있다

시「리모델링 하고 싶은 여자」전문

거울 앞에 서 있는 나의 눈동자가
풀잎에 매달린 이슬방울처럼
파르르 파르르 떨고 있습니다

햇살처럼 따스한 사람이고 싶었지만
발밑에 구르는 낙엽처럼
부서지고 초라한 모습입니다

배고픈 사람에게 따끈한 쌀밥을
밥그릇 한가득 담아주고 싶었지만
빈 그릇만 손에 들고 있습니다

겨울바람이 치맛자락 쓸며 지나가 버린
감나무 가지에 달랑 매달려 말라버린 까치밥처럼
무용지물無用之物이 되어 버렸습니다

그러나, 슬퍼하지는 않으렵니다
봄 햇살 입에 물고 날아온 제비처럼
산기슭 돌고 돌아 흐르는 강물처럼
사랑하는 시어詩語를 찾아 나설 것입니다

시「자화상 2」전문

시「리모델링 하고 싶은 여자」는 이 시집의 표제이다. 이 시를 읽는 중년의 여자들이 스스로를 모델로 한 자화상을 읽는다는 공감대가 형성되리라 믿는다. 도심의 멀쩡한 콘크리트 12층 아파트가 와르르 무너져 내리고 다이아몬드 촘촘히 박히고 대리석 번쩍이는 52층 빌딩이 세워진다는 그야말로 리모델링 건축현장이 시의 첫 연으로 장식되어 있다. 그리고 햇살과 먼지와 네온 광에 눈 찌푸리고 넋 잃은 듯 서 있는 중년의 초라한 여자가 등장한다. '덕지덕지 까만 때에 쩔어 있는/구차한 자신 몸뚱이와 마음까지 몽땅/시궁창 깊숙히 던져 버리고/에메랄드처럼 사랑스러운 보석으로/리모델링 하고 싶은 그 여자'가 서 있다. 고단한 삶이 박혀있는 세월의 흐름과 가족사에 찌든 중년의 울분을 치유할 것 만 같은 이 시는 그러나 '리모델링 하고 싶은 여자'일 뿐이다. 하여 '핏물 어린 눈동자에 고인 눈물을/하얀 낮달이 닦아 주고 있다'는 것이다.

'거울 앞에 서 있는 나의 눈동자가/풀잎에 매달린 이슬방울처럼/파르르 파르르 떨고 있습니다'로 시작되는 시 「자화상 2」는 빈 그릇의 나(알뜰히 채우지 못한 나) 혹은 겸손하게 '나'를 바라보는 자기 확인이다. 햇살처럼 무엇이든 비추어 내는 빛이 되고 싶었지만 낙엽처럼 부서지고 초라한 모습이라 하며, 배고픈 사람에게 따뜻한 쌀밥을 담아주고 싶었지만 빈 그릇만 손에 쥐고 있었다는 자괴감의 나를 만나게 한다. 나아가 '겨울바람이 치맛자락 쓸며 지나가 버린/감나무 가지에 달랑 매달려 말라버린 까치밥처럼/무용지물無用之物이 되어 버렸습니다'라 하여 스스로를 무엇에도 쓸모 없는 나약한 존재임을 이 시는 말하고 있다. 다만 전재하는 보루堡壘가 있는데, 봄 햇살 입에 물고 날아온 제비처럼, 산기슭 돌아 흐르는 강물처럼 사랑하는 시어詩語를 찾아 나선다는 일이다. 남은 생의 튼튼한 버팀목의 대상을 시를 쓰는 일로 삼겠다는 의지표명이다.

첫 시집에서 느끼지 못한 원숙한 언어의 조합을 보이는 백미숙 시인의 제 2시집『리모델링 하고 싶은 여자』는 매우 감동적인 시들이 많았다. 시를 찾는 시선의 확대에서부터 의미를 접사해 내는 언어의 율동이 생동감 있게 나래를 펼쳐내고 있었다. 건강을 단속해 내며 한 권의 시집을 성공적으로 마무리한 시인의 열정이 헛되지 않아 매우 기쁘다. 삶은 내일을 향한 발전을 지향하는 일이다. 거듭되는 시집 출간임에도 제자리걸음에 머무르는 시인들을 간혹 만나게 되는데 오늘 이렇게 큰 걸음으로 시 문학 성장의 흔적을 짚어 낸 백미숙 시인의 내일이 더 빛날 것이라는 믿음으로 글을 마무리 하려 한다.